POLITIQUEMENT CORRECT

Contes d'autrefois pour lecteurs d'aujourd'hui

JAMES FINN GARNER

POLITIQUEMENT CORRECT

Contes d'autrefois pour lecteurs d'aujourd'hui

Traduit de l'américain par
Daniel Depland

BERNARD GRASSET
PARIS

L'édition originale de cet ouvrage a été publiée en 1994 par MacMillan
Publishing Company sous le titre :
POLITICALLY CORRECT BEDTIME STORIES

Illustrations de Luisa Amoroso traduites par Marc Taraskoff

Au Théâtre du Bizarre

Avec Pepe, Armando, Egon, Ted,
Matteo, Nick et Julietta ; James Ghelkins Jr.

et Willie, Smitty et Jocko
de la troupe des Enfants du Puppet Theater

et les autres qui sont trop nombreux pour être cités.

A Carol, pour son aide et ses encouragements,
et à Lies, pour tout.

Avant-Propos

A l'origine, les histoires qui servent de base aux contes suivants ont, sans aucun doute, rempli leur rôle. N'ont-elles pas, après tout, consolidé le système patriarcal ? Détourné les gens de leurs tendances naturelles ? Ou encore diabolisé « le mal » pour mieux récompenser « le bien » en toute « objectivité » ?

Cela dit, nous ne pouvons pas, même si tout nous y pousse, reprocher aux frères Grimm leur indifférence à l'égard de la condition féminine, des cultures minoritaires, et de l'environnement. Et nous ne blâmerons pas davantage Hans Christian Andersen, citoyen d'une ville bouffie d'autosatisfaction comme Copenhague, de ne guère prêter d'attention aux droits inaliénables des sirènes.

Aujourd'hui, nous avons la possibilité — et le devoir ! — de repenser ces histoires « traditionnelles » afin qu'elles reflètent la conscience de temps plus éclairés. C'est dans cette optique que je me suis efforcé de concevoir cet humble livre. Alors que son titre initial, « Contes de fées pour un monde moderne », a été abandonné pour des raisons évidentes (gloire à mon éditeur qui a su mettre le doigt sur mes penchants hétérocentristes), ce recueil, me semble-t-il, se suffit à lui-même. Mais ce n'est qu'un début ! Certaines histoires, telles que « Le Petit Canard jugé sur ses mérites personnels et non sur son apparence physique », ont été exclues faute d'espace. Il se pourrait que je porte en moi la matière d'autres ouvrages. J'espère en tout cas que ce livre stimulera, « dans le bon sens », l'imagination d'autres écrivains et, bien entendu, marquera à jamais l'esprit de nos enfants.

Si, par omission ou compulsion, j'ai, malgré moi, fait étalage d'un quelconque travers sexiste, raciste, culturocentriste, nationaliste, régionaliste, vieillardiste, aspectéiste, capacitéiste, mesuriste, espéciste, intellectualiste, socio-économiquiste, ethnocentriste, phallocentriste, hétéropatriarcaliste, ou de tout autre type de préjugé non encore repertorié, je vous prie de m'en excuser. N'hésitez surtout pas à me suggérer les rectifications qui vous sembleront nécessaires. Bien que je me sois appliqué à mettre au jour une littérature responsable, libérée de tout parti pris et purgée des influences d'un passé culturel défectueux, il n'est pas impossible que j'aie commis des erreurs.

Le Petit Chaperon Rouge

Il était une fois une jeune personne, appelée le Petit Chaperon Rouge, qui vivait avec sa mère à la lisière d'un grand bois. Un jour, sa mère lui demanda d'aller porter à sa grand-mère une corbeille de fruits frais et de l'eau minérale — encore une tâche réservée aux femmes, direz-vous ? Eh bien non, c'était tout simplement une démarche généreuse — pourquoi le Petit Chaperon Rouge n'aurait-elle pas eu elle aussi le sens de la communauté ? Qui plus est, sa grand-mère, loin d'être malade ou gâteuse, était une adulte rayonnante de maturité et parfaitement capable de prendre soin d'elle-même.

Le Petit Chaperon Rouge partit donc à travers bois avec sa corbeille. Beaucoup de gens s'imaginaient que la forêt était un endroit maléfique et dangereux, et ne s'y aventuraient jamais. Dieu merci, la jeune fille en fleur qu'était le Petit Chaperon Rouge assumait déjà très bien sa sexualité naissante, et jamais une imagerie freudienne aussi évidente ne l'aurait intimidée !

En chemin, le Petit Chaperon Rouge fut accostée par un loup, qui lui demanda ce qu'il y avait dans sa corbeille. « Une collation diététique pour ma grand-mère, répondit-elle. Mais ne vous méprenez pas, c'est une adulte nullement entamée par les années, tout à fait capable de se débrouiller seule.

— Hum ! fit le loup. Vous savez, ma chère, qu'une petite fille comme vous ne devrait pas se promener toute seule dans ces bois. » Voilà tout ce qu'il trouva à dire, et le Petit Chaperon Rouge lui fit aussitôt remarquer combien ce genre de réflexion sexiste était blessant à l'extrême. « Mais vous avez la partie belle, lui dit-elle. Grâce à votre statut traditionnel d'exclu, on ne peut rien vous reprocher. Stressé comme vous l'êtes par votre condition, il n'est pas étonnant que vous ayez été amené à forger votre propre (et absolument valable, du reste) vision du monde. A présent, si vous voulez bien m'excuser, je dois poursuivre ma route. »

Le Petit Chaperon Rouge emprunta le chemin principal. Mais le loup, forcé de vivre en marge de la société, s'était libéré depuis belle lurette de toute adhésion servile à un système de pensée linéaire, typique de l'Ouest, et connaissait un raccourci qui menait à la maison de Mère-Grand. Une fois arrivé, il mangea Mère-Grand — conduite on ne peut plus orthodoxe pour un carnivore tel que lui. Puis, très au-dessus, comme il se doit, des principes rigides et abrutissants qui conditionnent les hommes à s'habiller en hommes et les femmes, en femmes, il mit la chemise et le bonnet de nuit de Mère-Grand et se glissa dans le lit.

Le Petit Chaperon Rouge entra dans la maisonnette, et dit : « Mère-Grand, je vous ai apporté une collation cent pour cent naturelle, sans corps gras ni sodium, pour rendre hommage à la matriarche avisée et attentive que vous êtes.

— Approche, mon enfant, murmura le loup depuis le lit, que je puisse te voir.

— Oh ! s'écria le Petit Chaperon Rouge, j'oubliais que vous êtes aussi optiquement contrariée qu'une taupe ! Mère-Grand, que vous avez de grands yeux.

— Ils ont beaucoup vu, et beaucoup pardonné, mon enfant.

— Mère-Grand, que vous avez un grand nez !...

enfin, si on veut... car, dans son genre, il est très séduisant !

— Il a beaucoup flairé, et beaucoup pardonné, mon enfant.

— Mère-Grand, que vous avez de grandes dents !

— Ecoute, soupira le loup, je me contente d'être qui je suis et ce que je suis, un point c'est tout », et il bondit du lit, puis saisit le Petit Chaperon Rouge entre ses griffes dans l'intention de la dévorer. Le Petit Chaperon Rouge cria — ce qui n'est pas une raison pour conclure hâtivement que le penchant manifeste du loup au travestissement l'effaroucha — non, elle cria parce qu'en fait le loup envahissait délibérément son espace personnel.

Ses cris furent entendus par une personne exerçant les fonctions de bûcheron (ou de technicien du ravitaillement en combustible, ainsi qu'il préférait être appelé). Entré en trombe dans la maisonnette, il vit la mêlée et tenta d'intervenir. Mais au moment où il levait sa hache, le Petit Chaperon Rouge et le loup s'arrêtèrent net.

« Et qu'est-ce que vous croyez être exactement en train de faire ? » demanda le Petit Chaperon Rouge.

La personne exerçant les fonctions de bûcheron cligna des yeux et essaya de répondre, mais fut incapable de proférer le moindre mot.

« Surgir ici comme un homme des cavernes ! s'exclama-t-elle. Mais allez-y ! Laissez donc à votre arme le soin de penser à votre place ! Sexiste ! Espèce d'espéciste ! Comment osez-vous présumer qu'une femme et un loup sont incapables de résoudre leurs problèmes sans l'aide d'un homme ? »

Lorsqu'elle entendit les propos exaltés du Petit Chaperon Rouge, Mère-Grand sortit promptement de la gueule du loup. Elle empoigna la hache du coupeur de bois, et lui trancha la tête — là !

Une épreuve pareille, on s'en doute, ça crée des liens — et le Petit Chaperon Rouge, Mère-Grand et le loup comprirent d'emblée qu'ils avaient pas mal d'objectifs en commun. Alors, sans coup férir, ils fondèrent un nouveau genre de ménage à trois fondé sur un respect mutuel et une vraie coopération. Et ensemble, ils vécurent dans la félicité le reste de leurs jours.

Les habits neufs de l'empereur

oin d'ici, à une époque depuis longtemps révolue, vivait un tailleur itinérant qui se retrouva dans un pays inconnu. En ce temps-là, les tailleurs qui se déplaçaient d'un lieu à un autre avaient de la tenue et le bon goût de ne jamais heurter les mœurs locales. Mais ce tailleur-là ne songeait qu'à faire le clown et se fichait pas mal des convenances. S'étant précipité dans l'auberge du coin, il but comme un trou et, bien sûr, les conséquences ne se firent pas attendre — ses mains baladeuses envahirent l'espace personnel des employées, et il se mit à raconter des ignominies rétrogrades sur les rétameurs, les ramasseurs de crottes et autres corps de métiers.

L'aubergiste se plaignit à la police, qui se saisit du tailleur et le traîna devant l'empereur. Comment une vie entière vouée à idolâtrer la légitimité absolue de la monarchie et la supériorité naturelle des mâles n'aurait-elle pas détraqué n'importe qui ? L'empereur n'était qu'un tyran vaniteux à l'entendement contrarié, ce qui n'échappa nullement au tailleur, qui décida de tourner les abominables défauts du monarque à son avantage.

« Avez-vous une dernière requête à formuler avant que je ne vous bannisse de mes terres à tout jamais ? lui demanda l'empereur.

— Que Votre Majesté m'accorde seulement l'honneur de renouveler la garde-robe royale, lui répondit le tailleur. J'ai apporté avec moi une étoffe unique au monde, si rare et si magnifique qu'elle n'est visible que par certaines gens.

— Ah bon ? Et quelle sorte de gens ? demanda l'empereur.

— La sorte de gens que Votre Majesté souhaiterait avoir dans son royaume : des gens politiquement corrects, moralement droits, intellectuellement avisés, culturellement tolérants, qui ont en horreur l'alcool et le tabac, ne rient pas en entendant des plaisanteries sexistes, ne restent pas tétanisés devant leurs postes de télévision, se refusent à écouter de la musique folklorique, et évitent les barbecues. »

Les habits neufs de l'empereur

L'empereur s'accorda un instant de réflexion, et accepta la requête. Il caressait la pensée fasciste, gonflée aux testostérones, que l'empire et ses habitants étaient tout juste bons à lui servir de faire-valoir. Exhiber des habits neufs équivalait pour lui à exhiber une femme comme un trophée, sauf que des habits neufs l'excitaient cent mille fois plus.

Bien entendu, une aussi singulière étoffe n'existait pas. Le tailleur, en bon marginal, possédait son propre code moral, et son premier devoir était de duper et de ridiculiser l'empereur au nom de tous les artisans indépendants. S'étant mis à la tâche, il parvint donc à persuader le souverain qu'il coupait et cousait des pièces de tissu qui, selon la notion objective la plus stricte de la réalité, n'existaient pas.

Lorsque le tailleur annonça qu'il avait terminé, l'empereur, nu comme un ver, regarda ses habits neufs dans le miroir. Tout ce qu'on pouvait constater, c'était combien le temps passé à exploiter la paysannerie avait transformé son corps en une masse affreuse de chair blanchâtre et boursouflée. L'empereur, évidemment, s'en rendait compte aussi, mais il fit semblant de voir les beaux habits politiquement corrects. Impatient de se montrer dans sa nouvelle magnificence, il ordonna qu'une parade eût lieu le jour suivant.

Le lendemain matin, ses sujets s'alignèrent le long des rues pour assister au grandiose événement. La nouvelle que seuls les gens éclairés, aux modes de vie sains, seraient en mesure de voir les habits neufs de l'empereur s'était répandue, et chacun se posait en modèle d'exemplarité.

La parade commença en grande pompe. Alors que l'empereur trimbalait sa carcasse patriarcale, blafarde et bouffie, tout le monde poussa des oh et des ah devant ses beaux habits neufs. Tous, sauf un petit garçon, qui cria :

« L'empereur est nu ! »

La parade fut interrompue. L'empereur fit une pause. Un silence tomba sur la foule, quand un paysan à l'esprit fulgurant s'écria :

« Non, il n'est pas nu. L'empereur est simplement en train de lancer la mode du Non-prêt-à-porter ! »

Une acclamation monta de la foule, et chacun se mit nu et dansa au soleil, en accord avec les lois de la Nature. A partir de ce jour-là, le port du vêtement, dans le pays, devint facultatif.

Et le tailleur, privé de moyens d'existence, rangea fils et aiguilles, et on n'entendit plus jamais parler de lui.

Les trois petits cochons

l était une fois trois petits cochons qui vivaient ensemble — vous vous demandez comment ? Dans le respect mutuel, naturellement, et aussi, en harmonie avec leur environnement. Si on vous dit que chacun d'eux construisit une belle maison avec des matériaux indigènes, vous n'en serez donc pas surpris. Le premier ? Eh bien, une maison de paille. Le deuxième ? une maison de bois. Quant au troisième, il commença, en bon écolo, par confectionner des briques de crottin, d'argile et de vigne vierge, qu'il cuisit dans un petit four, puis utilisa pour bâtir sa maison. Leurs travaux terminés, les cochons, très contents d'eux, reprirent le cours d'une vie sans histoire, en cochons libres de disposer d'eux-mêmes.

C'était trop beau pour durer, et leur existence idyllique, un jour, fut gravement perturbée par l'arrivée d'un grand méchant loup à l'idéologie expansionniste. Lorsque le loup les aperçut, non seulement ça lui ouvrit l'appétit, mais aussi des horizons. Les cochons, on le comprend, se précipitèrent dans la maison de paille sans demander leur reste. Le loup courut tambouriner contre la porte : « Petits cochons ! Petits cochons, cria-t-il, laissez-moi entrer !

— Ho ! Hé ! Du calme ! répliquèrent les cochons. Si vous croyez que votre tactique de la canonnière impressionne des cochons comme nous, prêts à défendre jusqu'au bout leurs maisons et leur culture, vous vous trompez ! »

Mais le loup n'entendait pas renoncer à ce qu'il prenait pour un appel manifeste du destin. Alors il gronda et souffla et fit s'écrouler la maison de paille. Effrayés, les cochons n'eurent que le temps de se réfugier dans la maison de bois, avec le loup, on s'en doute, à leurs trousses. Et que firent les autres loups ? Ils en profitèrent pour rafler le terrain où s'était tenue la maison de paille, et commencèrent à y exploiter une plantation de bananiers.

Tenace, le loup tambourina contre la porte de la

maison de bois : « Petits cochons ! Petits cochons !
cria-t-il, laissez-moi entrer !

— Allez au diable ! rétorquèrent les cochons.
Sale oppresseur, vil impérialiste carnassier ! »

Le loup, toujours aussi prétentieux, étouffa un
petit rire condescendant. « Quels benêts, songea-
t-il. Dans leur genre, ils sont charmants et ce sera
dommage de les voir partir, mais quoi, on ne peut
pas arrêter le progrès ! »

Alors le loup gronda et souffla et fit s'écrouler la
maison de bois. Sauve qui peut, les cochons coururent jusqu'à la maison de briques, talonnés une fois
de plus par le loup. Et que firent les autres loups ?
Ils bâtirent un village de vacances pour loups en
congés payés à l'endroit même où s'était tenue la
maison de bois — il s'agissait en fait d'un vaste
complexe en multipropriété et chaque unité était
une réplique en fibre de verre de la maison de bois.
Pourquoi s'arrêter là ? Ils ouvrirent ensuite des bou-
tiques où l'on vendait des objets « typiques » de la
région, et sans lésiner, créèrent dans la foulée un
centre de loisirs, avec stages de plongée sous-marine
le mardi et le jeudi et spectacles de dauphins pendant le week-end. Avec acharnement, le loup tambourina contre la porte de la maison de briques :
« Petits cochons ! Petits cochons ! cria-t-il, laissez-
moi entrer ! »

Trop, c'était trop ! Au lieu de s'abaisser à lui répondre, les cochons entonnèrent *l'Internationale,* puis écrivirent des lettres de protestation aux Nations unies.

Le refus entêté des cochons de prendre en considération son point de vue de carnassier tapait depuis un moment déjà sur les nerfs du loup. Alors il gronda et souffla, et gronda et souffla, puis porta soudain une patte contre sa poitrine — et crac ! tomba raide mort, victime d'une crise cardiaque foudroyante ! — voilà ce qui arrive quand on se bourre d'aliments gras !

Ne se tenant plus de joie de voir triompher la justice, les trois petits cochons exécutèrent trois pas de danse autour du cadavre du loup. Il ne leur restait plus qu'à libérer leur patrie. Après avoir rassemblé les autres cochons qu'on avait expropriés de leurs terres, ils constituèrent une véritable brigade de porcinistes, qui attaqua le village de vacances à la mitraillette et au lance-roquettes, et massacra les cruels loups oppresseurs ! — clair et net avertissement envoyé du même coup au monde entier : « Ne vous mêlez pas de nos affaires de cochons, ou gare ! » Enfin en paix, ils instaurèrent un modèle de démocratie socialiste avec enseignement gratuit, couverture sociale généralisée et logement à la portée de tout le monde.

Les trois petits cochons

P.S. : le loup, dans ce conte, n'est qu'une figure métaphorique. Il n'a été fait de mal à aucun loup en chair et en os au cours de la rédaction de l'histoire.

Outroupistache

l y a longtemps, dans un royaume lointain, vivait un meunier économiquement fort désavantagé. Il partageait son humble demeure avec sa fille unique, une jeune femme indépendante appelée Esmeralda. Plutôt que de s'en prendre au système économique qui l'avait marginalisé, le meunier avait honte de sa pauvreté, et cherchait toujours un moyen de s'enrichir rapidement.

« Si seulement je parvenais à marier ma fille à un homme riche, rêvait-il d'une façon aussi sexiste qu'archaïque, elle serait comblée, et je n'aurais plus jamais à travailler un seul jour de ma vie. » Pour atteindre ce pitoyable but, il se crut inspiré en colportant le bruit que sa fille était capable de filer de l'or pur avec la paille ordinaire des basses-cours. Ce mensonge lui permettrait d'attirer l'attention de nombreux hommes riches et de caser Esmeralda.

La rumeur se répandit à travers le royaume comme une traînée de poudre et arriva bientôt aux oreilles du prince. Cupide et crédule comme la plupart des hommes de son rang il prit la rumeur pour argent comptant et invita Esmeralda à venir dans son château pour la fête du 1er Mai. Mais quand elle se présenta, il la fit jeter dans un donjon rempli de paille et lui ordonna de la filer en or.

Enfermée dans le donjon, craignant pour sa vie, Esmeralda s'effondra en larmes. Jamais l'exploitation patriarcale ne lui était apparue aussi flagrante. Alors qu'elle pleurait, un homme à la taille diminuée, coiffé d'un drôle de chapeau, apparut dans le donjon.

« Pourquoi pleurez-vous, ma chère ? » lui demanda-t-il.

Bien que saisie d'effroi, Esmeralda lui répondit : « Le Prince m'a ordonné de filer toute cette paille en or.

— Mais pourquoi pleurez-vous ? insista-t-il.

— Parce que c'est impossible. Qu'est-ce que

vous êtes, vous ? Seriez-vous particulièrement doué ou quoi ? »

L'homme de stature différente rit et dit : « Vous n'utilisez que la partie gauche de votre cerveau pour penser. Cela dit, vous avez de la chance. Je vais vous montrer comment accomplir cette tâche, mais d'abord, promettez-moi que vous me donnerez ce que je veux en échange. »

N'ayant pas le choix, Esmeralda promit. Pour changer la paille en or, ils l'apportèrent à une coopérative agricole du voisinage où elle fut utilisée pour couvrir de chaume un vieux toit. Mieux protégés des intempéries, les fermiers jouirent d'une meilleure santé et améliorèrent leur rendement. Ils produisirent même une moisson record de blé pour la consommation locale. Les enfants du royaume se fortifièrent et grandirent, allèrent dans une école autogérée, et transformèrent peu à peu le royaume en une démocratie modèle, sans injustice économique ou sexuelle, avec un faible taux de mortalité infantile.

Quant au Prince, capturé par une foule en colère, il fut liquidé à coups de fourche à l'extérieur de son Palais. Alors qu'affluaient du monde entier de nouvelles mises de fonds, les fermiers se souvinrent du généreux don en paille d'Esmeralda et la récompensèrent par de nombreuses caisses d'or.

A la suite de ces événements, l'homme à la taille spéciale, coiffé d'un drôle de chapeau, rit et dit : « *Voilà* comment on change de la paille en or. » Puis il prit un ton menaçant. « A présent que j'ai fait mon travail, à vous de respecter notre accord. Vous devez me donner votre premier enfant ! »

Esmeralda lui répondit avec véhémence : « Je n'ai pas à discuter avec quelqu'un qui cherche à se mêler de mes droits à la reproduction ! »

L'homme à la verticalité contrariée fut interloqué par le ton convaincu de sa voix. Changeant de tactique, il dit sournoisement : « Très bien, petite chérie. Je vous libérerai de votre promesse si vous parvenez à deviner mon nom.

— Entendu », dit Esmeralda. Elle sembla réfléchir une seconde, se tapota le menton avec un doigt, et dit : « Votre nom serait-il... oh, je ne sais pas, peut-être... Outroupistache ?

— AAAAAHHHH ! s'écria l'homme à la dimension hors normes. Mais... mais... comment le savez-vous ? »

Elle répliqua : « Vous avez oublié d'enlever le macaron d'identité que vous portiez au Séminaire sur l'habilitation des petites personnes. »

Ivre de rage, Outroupistache poussa un grand cri et tapa du pied, si fort que la terre se fendit sous lui et l'engloutit dans un jaillissement de fumée et de soufre. Avec son or, Esmeralda alla s'installer en Californie pour y ouvrir un centre de consultation sur le contrôle des naissances. Entièrement dévouée à la cause des femmes, elle montra à ses sœurs comment ne pas se laisser asservir par leurs organes reproducteurs. Et elle vécut, jusqu'à la fin de sa vie, en personne célibataire épanouie.

Les trois codépendants boucs Bourru

utrefois, sur le versant d'une belle montagne, vivaient trois boucs, issus du même père et de la même mère. Leur nom était Bourru, et ils formaient une famille très unie. L'hiver ne les gênait guère, vu qu'ils avaient le privilège de le passer dans une luxuriante et verte vallée — et là, que voulez-vous qu'ils fissent, sinon manger de l'herbe et suivre leurs inclinations naturelles de boucs ? Dès que l'été arrivait, hop ! ils gagnaient le versant de la montagne. D'accord, le pâturage y était plus tendre, mais il serait injuste de ne pas noter qu'ils faisaient très attention à ne pas trop dégarnir la vallée et à maintenir les traces éco-

logiques de leur passage aussi discrètes que possible.

Pour se rendre à ce pâturage, les boucs devaient franchir un pont jeté au-dessus d'un abîme. Aux premiers jours de l'été, un bouc s'apprêta à traverser. Ce bouc, par la force chronologique des choses, était le moins développé des trois, et par conséquent, avait atteint une taille d'une moindre supériorité. Parvenu au pont il attacha son casque de protection et s'agrippa au parapet. Mais voici qu'un grognement menaçant résonna par en dessous !

Un troll enjamba le parapet — il était hirsute, souverain de saleté, et magnifié par son odeur ! « Graaaaarrr ! fit-il par réflexe. Je suis le gardien de ce pont, et j'ai beau admettre que les boucs aient le droit de le traverser, je vous préviens : je mangerai le premier qui essaiera !

— Oh ! Mais pourquoi, monsieur le Troll ? demanda le bouc de sa voix chevrotante.

— Parce que je suis un troll, figurez-vous ! Et fier de l'être ! J'ai donc des besoins de troll, et entre autres le besoin de manger des boucs ! Alors vous avez intérêt à les respecter, ou gare ! »

Le bouc n'en menait pas large. « Je... Je ne vois pas où est le problème, monsieur le Troll, bégaya-t-il. S'il faut que vous me mangiez pour devenir un troll plus accompli, sachez que rien ne me ferait plus plaisir que de vous rendre service ! L'ennui est que je ne puis adopter cette ligne de conduite sans d'abord en parler à mes frères. A présent... euh... Voulez-vous m'excuser ? » Et le bouc retourna en courant dans la vallée !

Par la suite, le bouc que sa naissance désignait comme le frère du milieu monta jusqu'au pont. Ce bouc-là, toujours par la force chronologique des choses, était plus avancé que le précédent et, tout naturellement, jouissait d'une taille plus conséquente (bien que cet avantage ne le rendît pas pour autant meilleur ou plus méritant). Il s'apprêtait à traverser le pont, quand le troll l'arrêta.

« La Nature a fait de moi un troll, déclara-t-il, et j'assume ma trollitude ! Est-ce que par hasard, vous me refuseriez le droit de vivre une vie de troll, aussi pleine et active que possible ? »

— Moi ? Jamais ! s'exclama le bouc avec superbe.

— Parfait ! Restez où vous êtes, juste le temps que j'arrive pour vous manger ! Et attention : n'essayez pas de vous sauver, sinon je prendrais ça pour un affront personnel ! » Il se mit à envahir l'espace caprin du bouc.

« Pas si vite ! s'écria le bouc. Ecoutez : j'entretiens des rapports très étroits avec ma famille, et il me semble que je serais le dernier des égoïstes si je me permettais d'être mangé sans leur demander leur avis. Il est bien normal que je respecte leur sensibilité, non ? Et pour être franc, l'idée que ma disparition puisse leur causer un quelconque trouble du comportement m'est insupportable ! Alors, auparavant...

— Bon ! Allez-y ! hurla le troll.

— Je me hâterai de revenir dès que nous serons arrivés à un consensus ! promit le bouc. Il ne serait pas convenable de ma part de vous tenir en haleine trop longtemps !

— Trop aimable ! » ronchonna le troll ; et le bouc repartit en courant dans la vallée !

De plus en plus affamé, le troll commença d'éprouver un véritable ressentiment à l'égard des boucs. S'il ne parvenait pas à manger au moins l'un d'eux, pas d'hésitation : il irait trouver les autorités !

Lorsque le troisième bouc arriva au pont, le troll vit qu'il était d'une taille presque deux fois supérieure à la sienne, et avait de grandes cornes pointues et de gros et puissants sabots. Dépourvu de l'apanage d'un physique intimidant, le troll perdit tous ses moyens. Les jambes en compote sous l'effet de la peur, il tomba à genoux et, n'ayant pas d'autre solution, plaida sa cause : « Oh, s'il vous plaît, s'il vous plaît, pardonnez-moi ! Comment ai-je pu envisager de me servir de vous et de vos frères à des fins aussi égoïstes ! Je ne sais pas ce qui m'a pris !

Mais croyez-moi, je suis revenu de mes égarements ! »

Ebranlé, le bouc tomba aussi à genoux (du moins ce qui passait pour des genoux chez les boucs). « Je vous en prie, cessez de vous jeter la pierre ! dit-il. C'est notre présence, notre suprême comestibilité, qui vous ont mis dans le pétrin ! Vous n'imaginez pas à quel point mes frères et moi, nous en sommes mortifiés ! S'il vous plaît, c'est vous qui devez nous pardonner ! »

Le troll éclata en sanglots. « Non non, tout est de ma faute ! Je vous ai menacés ! Persécutés ! Et pour quoi ? Pour assurer ma propre survie ! Quel sale égoïste j'ai été ! »

Mais le bouc ne voulut rien entendre. « Ah je regrette, les sales égoïstes, c'est nous ! Ça me paraît même évident : sans tenir compte une seconde de vos besoins, nous n'avons songé qu'à sauver nos peaux ! S'il vous plaît, à présent mangez-moi !

— Jamais de la vie ! dit le troll. Voyons, montrez-vous raisonnable et jetez-moi par-dessus ce pont à coups de cornes ! Par pitié, punissez-moi de mon insensibilité et de mon égoïsme !

— Pas question, dit le bouc. Si je ne m'abuse, c'est nous qui avons commencé par vous tenter, non ? Assez discuté : allez-y, arrachez-moi un bon morceau !

— Puisque je vous dis, insista le troll, en se relevant, que je suis le seul et unique coupable ! Maintenant, jetez-moi par-dessus ce pont et vite !

— Ecoutez, dit le bouc, en se dressant de toute sa hauteur, personne ne me privera de ma responsabilité dans cette affaire ! Même pas vous ! Alors, mangez-moi ou je vous colle un marron !

— Pff ! Ne jouez pas au plus coupable avec moi, tête à cornes !

— Tête à cornes ? Vous vous êtes regardé, boule de poils puante ? Vous allez voir de quelle culpabilité je me chauffe ! »

Et là-dessus, ils s'empoignèrent, se mordirent et se cognèrent ! Chacun n'en continua pas moins à vouloir tirer à lui la couverture de la faute ; et les coups volèrent de plus belle !

Les deux autres boucs accoururent jusqu'au pont en bondissant et jaugèrent le combat. Culpabilisés à mort pour ne pas avoir su partager la faute, ils se crurent obligés d'entrer dans la danse.

Mais le petit pont, qui n'était pour rien dans cette histoire, n'avait pas été conçu pour supporter un tel tourbillon de sabots, de cornes et de dents. Il trembla, vacilla et finalement céda, précipitant le troll et les trois codépendants boucs Bourru dans l'abîme !

Tout en tombant, chacun fut néanmoins soulagé à la pensée qu'il récoltait enfin ce qu'il méritait — et en prime, put jouir d'une petite culpabilité supplémentaire à l'idée d'être responsable du sort des autres !

Raiponce

l était une fois un réta-
meur et son épouse qui
vivaient dans des condi-
tions économiquement dé-
savantageuses. L'absence de
réalisation matérielle de ce
rétameur ne sous-entend
pas que tous les rétameurs
sont économiquement mar-
ginalisés, ou qu'ils méri-
tent de l'être si jamais ils le
sont. Les rétameurs, en général, servent de boucs
émissaires dans les contes classiques — eh bien,
sachez que cet individu particulier était rétameur de
son métier comme il aurait pu être autre chose, et
c'était par hasard qu'il se trouvait économiquement
défavorisé.

Le rétameur et son épouse habitaient une masure

proche du modeste domaine de la sorcière du coin. Depuis leur fenêtre, ils pouvaient distinguer son jardin méticuleusement entretenu — exemple même, s'il en est, d'une tentative répugnante d'imposer à la Nature les conceptions humaines de l'ordre.

L'épouse du rétameur était enceinte, et tandis qu'elle contemplait le jardin de la sorcière, elle se mit à avoir une furieuse envie des laitues qu'elle voyait pousser là. Elle supplia son mari d'escalader la clôture et d'aller lui en chercher. Le rétameur finit par céder, et la nuit, il se rendit dans le jardin et « libéra » quelques pieds de laitue. Catastrophe ! La sorcière le surprit avant qu'il pût revenir.

Or, cette sorcière était d'une bonté défectueuse. Attention : il n'est pas question ici de suggérer que toutes les sorcières, ou même certaines, ont cette déficience ni de contester à celle-là le droit d'exprimer une tendance qui lui vient naturellement, loin de là. Sans aucun doute, sa nature avait été conditionnée par de nombreux facteurs, dont son éducation et ses fréquentations, autant d'éléments qu'on doit, hélas, laisser de côté si on veut rester brefs.

Comme on vient de le mentionner plus haut, la sorcière était donc d'une bonté défectueuse, et le rétameur était vert de peur. Elle le saisit par la peau du cou, et lui demanda : « Où allez-vous comme ça avec mes laitues ? »

Au lieu d'avoir le réflexe de discuter avec elle du concept de propriété — après tout, les laitues « appartenaient » légitimement à tout individu affamé qui avait assez de cran pour les prendre —, le rétameur demanda grâce en se livrant à un spectacle dégradant et typiquement mâle : « C'est la faute de ma femme, gémit-il. Elle est enceinte et crève d'envie de manger quelques-unes de vos belles laitues. Je vous en prie, épargnez-moi ! Même si un foyer monoparental est tout à fait acceptable, s'il vous plaît, ne me tuez pas, ne privez pas mon enfant de la structure stable d'une famille biparentale. »

La sorcière réfléchit un instant, lâcha le cou du rétameur, puis disparut sans un mot. Le rétameur, reconnaissant, revint chez lui avec les laitues.

Quelques mois plus tard (et dans des douleurs atroces qu'aucun homme ne sera jamais vraiment capable de jauger) l'épouse du rétameur mit au monde une superbe et saine femme en herbe. Ils donnèrent au bébé le nom d'une variété de laitue : Raiponce.

Peu de temps après, la sorcière fit son apparition devant leur porte. Comme elle avait épargné la vie du rétameur dans le jardin, elle exigea qu'on lui livrât l'enfant en contrepartie. Ça continuait : sans le moindre pouvoir de par leur condition sociale, ils avaient toujours été en butte à l'exploitation. Que pouvaient-ils faire ? Ils estimèrent qu'ils n'avaient pas le choix. Ils remirent Raiponce à la sorcière, qui repartit en toute hâte.

La sorcière emmena l'enfant au fond des bois et l'emprisonna dans une haute tour, au symbolisme évident. Ce fut là que Raiponce grandit et devint femme. La tour ne possédait ni porte ni escalier, mais s'enorgueillissait d'une unique fenêtre située tout en haut. Si quelqu'un voulait atteindre la fenêtre, il n'y avait qu'un moyen : il fallait que Raiponce laissât pendre ses longs et somptueux cheveux pour lui permettre de grimper au sommet — symbolisme non moins évident.

Raiponce n'avait pour toute compagnie que la sorcière. Celle-ci avait l'habitude de se planter au pied de la tour et de crier :

Raiponce, Raiponce, laisse pendre tes cheveux,
Que je puisse emprunter ton escalier d'or.

Obéissante, Raiponce obéissait. Pendant des années, elle laissa exploiter son corps pour les besoins ascensionnels d'un autre !

La sorcière, qui aimait la musique, lui enseigna le chant. Elles passaient d'innombrables et longues heures à chanter ensemble dans la tour.

Un jour, un jeune prince, lors d'une promenade

à cheval, entendit Raiponce chanter. Alors qu'il s'approchait pour découvrir l'origine du merveilleux son, il repéra la sorcière et se dissimula avec son compagnon équin parmi les arbres. Il observa la sorcière qui appelait Raiponce. Les cheveux se déroulèrent, et la sorcière grimpa. Il entendit à nouveau le magnifique chant. Plus tard, la sorcière quitta enfin la tour pour disparaître dans l'autre direction ; le prince alors sortit des bois et appela :

Raiponce, Raiponce, laisse pendre tes cheveux,
Que je puisse emprunter ton escalier d'or.

Les cheveux tombèrent en cascade, et il grimpa.

Dès que le prince vit Raiponce, il réagit d'une manière typiquement aspectéiste, persuadé que la personnalité de la jeune femme devait être aussi fascinante que son apparence, plus attrayante que la moyenne, il faut le reconnaître. (Loin de nous l'idée de suggérer que tous les princes jugent les gens uniquement sur leur aspect, ni, d'ailleurs, de nier le droit de ce prince-là d'évaluer autrui d'une façon aussi expéditive — voir les mises en garde des paragraphes précédents.)

Le prince dit : « Oh belle demoiselle, je vous ai

entendue chanter alors que je me promenais à cheval dans les parages. Je vous en prie, chantez encore, juste pour moi. »

Raiponce ne savait pas quoi penser de cette personne, pour la bonne raison qu'elle n'avait jamais vu d'homme auparavant. Quelle étrange créature ! Il était grand, avait le visage poilu, et dégageait une forte odeur de fauve. Raiponce, sans comprendre pourquoi, trouva le tout plutôt séduisant, et ouvrit la bouche pour chanter.

« Arrêtez immédiatement ! » lança une voix depuis la fenêtre. La sorcière était de retour !

« Comment... comment avez-vous réussi à grimper jusqu'ici ? demanda Raiponce.

— Je me suis fait faire un double de ta chevelure en cas d'urgence, dit la sorcière prosaïquement — et on dirait que c'est le cas. Ecoutez-moi, prince ! J'ai bâti cette tour pour mettre Raiponce à l'abri d'hommes comme vous. Je lui ai appris à chanter et à parfaire sa voix pendant des années. Elle restera ici et ne chantera pour personne d'autre que moi, parce que je suis la seule personne à l'aimer vraiment.

— Nous aborderons plus tard vos problèmes de codépendance ! dit le prince. Laissez-moi d'abord entendre... Raiponce, n'est-ce pas ?... Laissez-moi entendre Raiponce chanter.

— NON ! hurla la sorcière. Je m'en vais vous jeter de la tour dans les buissons d'aubépine qui sont en bas ! Leurs épines vous crèveront les yeux ! Et vous errerez à travers la campagne, maudissant votre mauvais sort, pour le restant de vos jours !

— Il se pourrait que vous reveniez sur cette regrettable décision, dit le prince. Voyez-vous, j'ai des amis, dans l'industrie du disque, qui, j'en suis certain, devraient être très intéressés par... Raiponce, n'est-ce pas ?... Ce qu'elle chante est épatant, différent, captivant !

— J'en étais sûre ! Vous voulez me la prendre !

— Absolument pas ! rétorqua le prince. Je veux au contraire que vous continuiez à la former, à vous occuper d'elle... en qualité de manager ! Puis, le moment venu, disons dans une semaine ou deux, nous la lancerons dans les médias ! Et par-ici la monnaie, nous ramasserons tous de l'argent à la pelle ! »

La sorcière fit semblant de réfléchir car, c'était visible, la proposition l'alléchait. Elle et le prince discutèrent sur-le-champ contrats d'enregistrement, droits audiovisuels et projets de commercialisation sous le label Tour-Mélodie. Les idées fusaient — les fans s'arracheraient bientôt des poupées Raiponce plus vraies que nature, pourvues de leur propre système stéréo miniaturisé !

Raiponce les observait : sa méfiance tournait au dégoût. Durant des années, ses cheveux avaient servi à satisfaire les besoins ascensionnels des autres, et à présent, on voulait exploiter sa voix ! « La rapacité, constata-t-elle en soupirant, n'est donc pas liée uniquement au sexe des personnes ! »

Raiponce s'approcha en douce de la fenêtre. Elle l'escalada et descendit en s'agrippant au double de sa chevelure, puis enfourcha le cheval du prince, qui attendait. Elle détacha la chevelure et l'emporta, laissant la sorcière et le prince à leurs droits d'auteur et à leurs pourcentages dans leur tour phallique.

Raiponce chevaucha jusqu'à la ville où elle commença par louer une chambre dans un immeuble avec un vrai escalier ! Aussitôt à l'œuvre, elle mit sur pied une association à but non lucratif pour la Libre Prolifération de la musique, puis se coupa les cheveux et les vendit aux enchères lors d'un gala organisé pour une collecte de fonds. Déterminée à ne jamais gagner d'argent sur le dos de ceux qui avaient envie de l'entendre chanter, elle passa le reste de sa vie à donner des récitals gratuits dans les cafés et les galeries d'art.

Cendrillon

l était une fois une jeune femme appelée Cendrillon, qui perdit sa mère naturelle alors qu'elle était enfant. Quelques années plus tard, son père se remaria avec une veuve qui avait elle-même deux filles. Cendrillon fut traitée d'une façon abominable par sa mère et ses sœurs d'emprunt, qui la forcèrent à les servir comme si elle avait été leur employée personnelle non rémunérée.

Un jour, elles reçurent une invitation : le prince fêtait son exploitation de la paysannerie dépossédée et marginalisée en donnant un grand bal. Surexcitées à l'idée de se rendre au palais, les sœurs d'emprunt de Cendrillon se mirent à essayer les vêtements coûteux qui soumettraient leur corps à la torture jusqu'à ce qu'il répondît aux critères irréalistes de la beauté féminine (d'autant plus irréalistes dans leur cas qu'elles avaient des visages assez particuliers pour arrêter une pendule rien qu'en la regardant !). Sa mère d'emprunt ayant décidé d'assister au bal elle aussi, Cendrillon trima plus durement qu'un chien (métaphore appropriée en dépit, hélas, de son caractère espéciste !).

Et le jour venu, Cendrillon dut continuer à suer sang et eau pour aider sa mère et ses sœurs d'emprunt à enfiler leurs robes de bal. Une tâche à la limite de la gageure : autant s'acharner à fourrer dix livres de carcasses animales non humaines dans un étui prévu pour en contenir cinq. Et mieux vaut s'abstenir de décrire les tartines de cosmétiques employés par la suite. Le soir tomba, sa mère et ses sœurs d'emprunt laissèrent Cendrillon à la maison avec le ménage à finir ! Triste, Cendrillon ? Oui, mais elle était sur le point de battre tous les records de sainteté, ce qui la consolait un peu.

Il y eut soudain un éclair. Un homme, flottant dans des habits amples, en coton, et coiffé d'un chapeau à large bord, apparut devant elle. Cendrillon crut d'abord avoir affaire à un fermier endimanché du Midi ou à un chef de fanfare. Il ne tarda pas à l'éclairer.

« Salut, Cendrillon, lui dit-il. Je suis l'être féerique qui vous sert de marraine — ou votre divin fondé de pouvoir, si vous aimez mieux ! Alors comme ça on veut aller au bal, hein ? Et se parer en acceptant aveuglément le concept de la beauté imposé par le mâle ? On veut se boudiner le corps dans une robe trop serrée qui bloque la circulation ? Se martyriser les pieds dans des chaussures à talons hauts qui nuisent à l'ossature, et se peinturlurer le visage avec des produits chimiques et des cosmétiques testés sur des animaux non humains ?

— Eh bien oui ! » fit-elle dans un cri du cœur.

L'être féerique qui lui servait de marraine poussa un gros soupir : il remettrait à plus tard son éducation politique ! Grâce à ses pouvoirs magiques, il l'enveloppa d'une belle lumière vive et l'emporta en un tourbillon jusqu'au Palais.

Cette nuit-là, beaucoup d'équipages étaient alignés à l'extérieur du Palais — jamais personne n'aurait songé à utiliser un transport en commun. Cendrillon, elle, arriva dans un lourd carrosse doré, péniblement tiré par un attelage de chevaux-esclaves. Sa robe moulante avait été tissée avec de la soie dérobée à des vers sans méfiance. Sa chevelure était ornée de perles volées à des huîtres travailleuses et sans défense. Et si dangereux que cela puisse paraître, elle était chaussée de délicates pantoufles en cristal taillé.

Toutes les têtes se tournèrent vers Cendrillon lorsqu'elle pénétra dans la salle de bal. Les hommes s'enflammèrent de désir à la vue de cette poupée Barbie, qui incarnait si bien leur idéal. Les femmes, conditionnées depuis leur plus jeune âge à mépriser leur corps, détaillèrent Cendrillon avec autant d'envie que de malveillance. Une jalousie dévastatrice empêcha même sa propre mère et ses propres sœurs d'emprunt de la reconnaître !

Cendrillon sentit bientôt peser sur elle l'œil lubrique du prince, occupé à discuter joutes et combats d'ours et de chiens avec ses vieux copains. En la regardant, le prince eut les cordes vocales contrariées et resta sans voix comme la majorité de ses hôtes. « Voici une femme, se dit-il, que je vais épouser et féconder ! Que pourrait produire le mélange de nos gènes parfaits sinon une progéniture parfaite ? Tous les autres princes en seront malades d'envie ! Et en plus, elle est blonde ! »

Le prince, l'œil fixé sur sa future proie, traversa la salle de bal — et ses copains aussi ! (disons, tout mâle qui avait moins de 70 ans ou n'était pas là pour servir les boissons).

Fière d'être le centre d'une telle attention, Cendrillon, la tête haute, se comportait comme une femme de haut rang, sans s'apercevoir que l'agitation provoquée par sa présence était sur le point de tourner à l'esclandre, ou du moins, présentait les signes d'un très sérieux dysfonctionnement social.

Le prince avait été on ne peut plus clair avec ses amis sur ses intentions de « possession », ce qui les avait mis hors d'eux, car ils comptaient bien l'avoir aussi. Des cris fusèrent — on commença à s'agresser. Le meilleur ami du prince, un duc volumineux, bien que cérébralement maigrelet, le rattrapa au milieu de la piste de danse : « C'est *moi* qui l'aurai ! » Le prince lui décocha un prompt coup de pied dans les parties, si bien que le duc fut hors compétition pour un moment. Assailli illico presto par les obsédés sexuels qu'étaient les autres mâles, le prince disparut sous un tas d'animaux humains !

Consternées par la manifestation intempestive de cette violente poussée de testostérones, les femmes tentèrent d'arrêter le pugilat — en vain ! Alors elles entourèrent Cendrillon, responsable à leurs yeux d'un pareil désordre, et leur hostilité à son égard, faut-il le préciser, rompit entre elles tout lien de sororité. Fuir ? Comment Cendrillon aurait-elle pu avec aux pieds des pantoufles de verre si peu pratiques ? Heureusement pour elle, aucune des autres femmes n'était mieux chaussée !

Le tapage devint tel que personne n'entendit l'horloge de la tour sonner minuit. Au douzième coup : bang ! la belle robe et les pantoufles de Cendrillon se volatilisèrent ! Et elle se retrouva dans ses guenilles de paysanne. L'ayant reconnue à l'instant même, sa mère et sa sœur d'emprunt s'étranglèrent de stupeur, mais ne bronchèrent pas afin de ne pas se compromettre.

Médusées, les femmes se turent devant cette métamorphose magique. Enfin libérée de la robe et des pantoufles qui l'emprisonnaient, Cendrillon s'étira, se frotta les côtes, puis sourit, l'air extatique : « A présent, mes sœurs, tuez-moi si vous le voulez, leur dit-elle. Mais sachez qu'au moins je mourrai à l'aise ! »

La jalousie gagna à nouveau les autres femmes, mais prit cette fois une tournure différente. Au lieu de songer à se venger, elles se dépouillèrent les unes après les autres de leurs gaines et de leurs corsets, puis de leurs chaussures, bref, de tout vêtement contraignant pour leur corps. Pieds nus, aériennes dans leurs combinaisons, elles dansèrent et virevoltèrent en poussant des cris de joie.

Si les hommes avaient interrompu leur gigue destructrice de machos pour les regarder, ils auraient découvert bien des femmes fort désirables — habillées comme si elles étaient prêtes à les recevoir dans l'intimité de leurs boudoirs. Bien trop occupés à se taper dessus et à s'étriper, ils périrent tous jusqu'au dernier !

Les femmes gloussèrent sans éprouver le moindre remords : le Palais et le royaume étaient soudain à elles ! Leur premier acte officiel fut de revêtir les hommes de leurs anciennes robes, puis de raconter aux médias que la bagarre avait éclaté lorsque quelqu'un avait menacé de révéler au public les tendances au travestissement du prince et de ses copains !

Le second fut de créer une coopérative du vêtement où on ne fabriquerait que des habits confortables et pratiques pour les femmes. Une enseigne apparut bientôt à l'extérieur du Palais avec, inscrit en gros caractères : CENDRI-FRINGUES ! (le nom de cette nouvelle ligne d'habillement). Et toutes, jouissant de leur autonomie politique et des retombées d'une habile campagne de marketing, vécurent très heureuses de longues et nombreuses années — y compris la mère et les sœurs d'emprunt de Cendrillon !

Boucles d'Or

travers bois, par-delà la rivière, au fond, tout au fond de la forêt, vivaient un Papa Ours, une Maman Ours et un Bébé Ours. Suivant des critères anthropomorphiques, ils habitaient tous ensemble dans une maisonnette, ainsi que n'importe quelle famille nucléaire — ce qui d'ailleurs les navrait, car ils avaient parfaitement conscience des abominables traditions liées à ce type de structure qui persistait à asservir les femmes et à inculquer un moralisme triomphant à ses membres, dont elle s'évertuait à empoisonner les futures générations avec les normes rigides des rôles hétérocentristes. Nos ours n'essayaient pas moins d'être

heureux et, vigilants, prenaient des mesures pour ne pas reproduire un moule aussi étouffant. Ils donnèrent ainsi à leur rejeton un nom du genre indéterminé en l'appelant « Bébé » !

Un matin, à l'heure du petit déjeuner, ils se mirent à table dans leur maisonnette d'ours anthropomorphes. Papa Ours avait préparé de grands bols de porridge avec des ingrédients cent pour cent naturels. Mais à peine retiré du fourneau, le porridge était trop riche en degrés Celsius pour être mangé. A quoi bon souffler dessus ? Rendre visite à leurs voisins animaux pendant que leurs bols refroidiraient leur parut chose plus sensée.

Après leur départ, une jeune femme (pauvre en mélanine) surgit des fourrés et grimpa vers la maisonnette. Elle s'appelait Boucles d'Or et observait les ours depuis des jours et des jours. Biologiste de son état, elle se spécialisait dans l'étude des ours anthropomorphes ! Autrefois, professeur, elle s'était fait tout de suite remarquer par sa façon masculine et agressive d'aborder la science — non contente d'arracher à Dame Nature sa mince voilette, elle dévoila ses secrets et pénétra son essence, pour l'utiliser à des fins personnelles et égoïstes, allant jusqu'à se vanter de ses violations dans les colonnes de divers magazines. Elle finit par être révoquée.

Cette biologiste sans scrupules observait la maisonnette depuis quelque temps. Son but était de fixer des colliers munis d'émetteurs aux cous des ours, de suivre ensuite leurs migrations et de surprendre leurs habitudes au plus grand mépris de leur vie personnelle (disons, animale).

Au nom de l'espionnage scientifique, Boucles d'Or n'hésita pas à pénétrer par effraction dans la maisonnette des ours. Une fois dans la cuisine, elle versa une potion tranquillisante dans les bols de porridge, puis elle se rendit dans la chambre où elle installa des pièges sous chacun des oreillers ! Son plan était de droguer les ours. Après avoir ingurgité leur porridge, ceux-ci s'effondreraient sur leur lit pour y faire un somme — et elle attacherait les colliers émetteurs autour de leurs cous à l'instant même où leurs têtes s'enfonceraient dans les oreillers. Boucles d'Or partit d'un petit rire en se frottant les mains : « Avec ces ours, se dit-elle, ça y est, c'est la gloire qui m'attend ! Et par la même occasion, je vais montrer à ces andouilles de l'université ce qu'il faut avoir dans le ventre pour se lancer dans la *vraie* recherche ! » Elle s'accroupit dans un recoin de la chambre et attendit. Mais les ours tardèrent tant à revenir qu'elle s'endormit. Enfin de retour, les ours, à peine assis pour prendre leur petit déjeuner, se figèrent.

« Dis-moi, demanda Papa Ours à Maman Ours, est-ce que ton porridge n'aurait pas une odeur ?

— Si ! répliqua Maman Ours. Et le tien, Bébé ?

— Le mien aussi, répondit Bébé. Il sent un produit typiquement chimique. »

Méfiants, ils se levèrent de table et entrèrent dans le salon. Papa Ours renifla l'air.

« Dis-moi, demanda Papa Ours à Maman Ours, sens-tu quelque chose d'autre ?

— Absolument ! répliqua Maman Ours. Et toi, Bébé, sens-tu quelque chose d'autre ?

— Absolument ! répondit Bébé Ours. Ça sent le fauve et la sueur — quelque chose de pas propre du tout ! »

De plus en plus alarmés, ils se rendirent dans la chambre. « Dis-moi, demanda Papa Ours à Maman Ours, ne verrais-tu pas un piège et un collier émetteur sous mon oreiller ?

— Absolument ! répliqua Maman Ours. Et toi, Bébé, ne verrais-tu pas un piège et un collier émetteur sous mon oreiller ?

— Absolument ! répondit Bébé Ours, et je vois même l'humain qui les a placés là ! »

Bébé Ours désigna le recoin où dormait Boucles d'Or. Les ours grognèrent ; et Boucles d'Or, après s'être réveillée en sursaut, se leva d'un bond et tenta de s'enfuir. Mais Papa Ours l'arrêta dans son élan en lui balançant un coup de patte, et Maman Ours l'attrapa au passage.

Boucles d'Or se retrouva soudain dans la situation délicate des non-possesseurs de mobilité, à la merci des crocs et des griffes de Papa et de Maman Ours. Ils n'en firent qu'une bouchée ! — un peu de cheveux jaunes et un carnet de notes, voilà tout ce qu'il resta de la biologiste dissidente !

Bébé Ours assista à la scène avec stupéfaction.

« Qu'avez-vous fait là ? demanda-t-il. Je croyais que nous étions végétariens ? »

Papa Ours rota. « En effet ! répondit-il, mais nous ne sommes pas fermés à la nouveauté ! La flexibilité est un des avantages du multiculturalisme. »

Blanche-Neige

l était une fois une jeune princesse, pas du tout désagréable à regarder et au caractère plutôt plus agréable que celui de la moyenne des gens. On la surnommait Blanche-Neige ! — encore une preuve de l'habitude lamentable d'associer à la clarté ce qui est plaisant ou séduisant, et à l'obscurité ce qui est déplaisant ou rébarbatif. Blanche-Neige était donc depuis sa plus tendre enfance une cible (disons, privilégiée) pour ce genre de pensée coloriste.

Blanche-Neige était très jeune quand sa mère tomba brusquement malade, développa tous les symptômes d'une santé annulée et se retrouva dans un état non viable pour l'existence. Son père, le roi, la pleura pendant une saine période de temps, puis demanda à une autre femme d'être sa reine. Blanche-Neige, elle, fit de son mieux pour plaire à sa mère d'emprunt. Hélas ! Une froide distance demeura entre elles !

Le bien que la reine prisait le plus était un miroir magique qui répondait toujours la vérité aux questions qu'on lui posait. Il faut dire que des années de conditionnement social, au sein d'une dictature hiérarchique instaurée par le mâle, avaient fini par saper la confiance de la reine en ses propres mérites. Il ne lui restait plus qu'un seul point de repère : la beauté physique ! Exclusivement obsédée par son apparence, elle interrogeait tous les matins son miroir :

> *Miroir, miroir sur le mur,*
> *Qui est la plus belle des créatures ?*

Son miroir répondait :

> *Si le jeu en vaut la chandelle,*
> *O ma Reine, vous êtes la plus belle !*

Ce dialogue demeura le même jusqu'au jour fatal où son coiffeur lui rata sa mise en plis. Saisie du besoin urgent d'être rassurée, elle posa au miroir la question habituelle. Le miroir répondit :

> *Hélas, si sur la beauté est évalué le mérite,*
> *Blanche-Neige vous surpasse, ma pauv'petite.*

La reine entra dans une colère terrible. Incapable, depuis longtemps, de marcher main dans la main avec Blanche-Neige pour établir avec elle un lien solide de sororité, la reine adopta soudain une conduite réglée sur la toute-puissance masculine : elle ordonna à la personne exerçant les fonctions de garde forestier d'emmener Blanche-Neige dans les bois royaux et de la tuer ! Et sans doute pour impressionner les mâles de la cour lui donna-t-elle l'ordre barbare d'extirper le cœur de la jeune fille et de le lui apporter !

Contraint d'obéir, c'est l'âme en peine qu'il conduisit la jeune fille (devenue en réalité une jeune femme) au milieu de la forêt. Par bonheur, ses rapports avec la nature et les saisons lui avaient appris à respecter la vie. Alors il parla à Blanche-Neige de l'ordre de la Reine oppressif et traître à la cause des femmes. « Sauvez-vous aussi loin que vous le pourrez dans la forêt ! » lui dit-il.

Effrayée, Blanche-Neige fit ce qu'on lui dit. De son côté, le garde forestier avait beau craindre la

colère de la reine, il répugnait encore plus à satisfaire sa vanité en sacrifiant une autre vie. Arrivé en
ville, il alla trouver un confiseur et lui demanda de
confectionner un cœur en massepain rouge, qu'il
présenta quelques heures plus tard à la reine. Et la
reine s'adonna aussitôt à un spectacle répugnant de
pseudocannibalisme en dévorant le cœur avec une
voracité inouïe !

Pendant ce temps, Blanche-Neige s'enfonça dans
la forêt. Comme elle estimait s'être éloignée le plus
possible de la civilisation et de ses influences néfas-
tes, elle tomba sur une maisonnette ! A l'intérieur
s'alignaient sept lits minuscules dont aucun n'était
fait. Blanche-Neige entrevit également sept piles
d'assiettes entassées dans l'évier, et sept fauteuils à
dossier inclinable face à sept téléviseurs à télécom-
mande. Elle supposa que la maisonnette appartenait
soit à sept hommes d'une dimension réduite, soit à
un numérologiste désordonné. Que les lits lui sem-
blèrent tentants ! Exténuée, Blanche-Neige se pelo-
tonna sur l'un d'eux et s'endormit aussitôt.

Lorsqu'elle se réveilla, quelques heures plus tard,
sept visages barbus d'hommes à la verticalité contrariée étaient penchés au-dessus d'elle. Elle se redressa
brusquement en étouffant un cri.

« Regardez-moi ça ! dit l'un des hommes.
Comme femme instable, elle se pose un peu là !

Couchée en paix une minute, et debout en train de crier la minute suivante !

— Tout à fait d'accord ! dit un autre. Elle va s'attaquer au lien de fraternité qui nous unit et nous pousser à la compétition pour attirer ses faveurs ! Nous n'avons pas une seconde à perdre : jetons-la à la rivière dans un sac rempli de pierres !

— Il a raison ! Débarrassons-nous-en au plus vite ! intervint un troisième. Mais à quoi bon polluer le système écologique en la noyant ? Donnons-la plutôt en pâture à un ours ou autre chose et elle s'intégrera naturellement à la chaîne alimentaire.

— Génial !

— Alors là, frère, bravo !

Blanche-Neige, après avoir enfin repris ses esprits, les supplia : « S'il vous plaît, je vous en prie, ne me tuez pas ! Je n'avais aucune mauvaise intention en dormant sur ce lit. Je pensais que personne ne s'en apercevrait.

— Non, mais vous l'entendez ? dit l'un des hommes. Ses préoccupations ménagères prennent tout de suite le dessus ! Elle nous reproche de ne pas faire nos lits à présent !

— Tuons-la ! Tuons-la !

— Pitié ! implora à nouveau Blanche-Neige. Ma mère d'emprunt, la reine, veut déjà ma mort, c'est pourquoi j'ai dû fuir à travers ces bois !

— Voilà bien le caractère vindicatif des femmes perdues dans leurs luttes intestines. N'essayez pas de jouer les victimes avec *nous*, ma petite !

— SILENCE ! gronda l'un des hommes. (Il avait de flamboyants cheveux roux et portait une peau d'animal non humain sur la tête.) Blanche-Neige devina aussitôt qu'il était leur chef : son sort reposait entre ses mains ! « Expliquez-vous ! lui ordonna-t-il. Quel est votre nom et qu'êtes-vous venue faire ici exactement ?

— Mon nom est Blanche-Neige ! et sur les ordres de ma mère d'emprunt, la reine, une personne exerçant les fonctions de garde forestier m'a emmenée dans la forêt pour me tuer. Mais il a eu pitié de moi et m'a dit de me sauver !

— Typique ! grommela l'un d'eux, il faut toujours que les femmes cherchent un homme pour exécuter leur sale boulot ! »

D'une main, le chef réclama le silence. « Bon ! dit-il à Blanche-Neige, si telle est votre histoire, nous sommes bien obligés de vous croire ! »

Quelle façon de la traiter ! Blanche-Neige commençait à être excédée. Elle essaya de ne pas le montrer : « Et vous, alors ? Qui êtes-vous donc ?

— Nous sommes connus, dit le chef, comme les Sept Très Hauts Géants ! » Blanche-Neige réprima un gloussement qui ne passa pas inaperçu. Le chef continua : « Nous sommes très élevés en esprit et donc, des géants parmi les hommes de la forêt ! Autrefois, nous gagnions notre vie en exploitant nos mines. Mais nous avons pris conscience qu'un tel viol de la planète était immoral et irresponsable (par ailleurs, le marché des métaux s'est effondré !). Et aujourd'hui, nous nous considérons comme de simples et dévoués intendants de la terre, et vivons ici, en harmonie avec la nature. Comme il faut bien joindre les deux bouts, nous organisons des retraites pour les hommes qui ont besoin de retrouver leur identité masculine originelle.

— Ah ? En quoi ça consiste, demanda Blanche-Neige, à part de boire du lait à même la bouteille ?

— Si vous vous croyez maline, vous avez tort ! l'avertit le chef des Sept Très Hauts Géants. Permettez-moi de vous rappeler que mes camarades géants tiennent à se débarrasser de votre présence corruptrice de femme ! Imaginez un peu que je sois dans l'impossibilité de les en empêcher ? Hein ? Concluez vous-même ! » Il s'adressa ensuite à ses hommes : « Quant à nous, il est temps que nous nous réunissions pour parler à cœur ouvert. Rendons-nous au Pavillon de la sueur ! »

Les sept hommes à la dimension réduite sortirent au galop par la porte de devant, tout en ôtant leurs vêtements avec un incontestable enthousiasme.

Blanche-Neige ne sut pas comment s'occuper en les attendant. Par peur de marcher sur quelque chose qui aurait pu détaler parmi les détritus sur le plancher, Blanche-Neige resta sur le lit, qu'elle réussit à faire sans jamais poser le pied à terre.

Des bruits de tambour et des cris résonnèrent — les Sept Très Hauts Géants étaient de retour ! Leur odeur n'était pas aussi dévastatrice que Blanche-Neige le craignait ; et elle fut soulagée de voir qu'ils portaient tous des pagnes !

« Beurk ! Regardez ce qu'elle a fait à mon lit ! Puisque c'est ça, je change mon vote, je veux qu'elle parte !

— Calme-toi, frère ! dit le chef. Tu ne comprends donc pas ? Nous voici précisément au cœur du sujet dont nous venons de discuter : les contrastes ! Je vous le répète : avec une femelle dans les parages, nous apprécierons mieux, par comparaison, les progrès de notre masculinité ! »

Les hommes, qui rouspétaient entre eux, s'interrogèrent sur le bien-fondé de cette décision. Mais Blanche-Neige en avait par-dessus la tête : « Ah non ! Je regrette ! dit-elle. Je ne suis pas un instrument ! Il est hors de question que vous vous serviez de moi pour mesurer vos ego et vos pénis !

— D'accord ! dit le chef, vous êtes libre de

repartir à travers bois. Ah ! N'oubliez pas de présenter nos hommages à la reine !

— Bon, soupira Blanche-Neige. A la rigueur, peut-être pourrais-je rester jusqu'à ce que je trouve une autre solution ?

— Entendu, dit le chef, mais je vous préviens, nous avons quelques règles de base : pas de ménage ! pas de rangement ! pas de rinçage de sous-vêtements dans l'évier !

— Et défense de se rincer l'œil dans le Pavillon de la sueur quand nous y sommes !

— Et défense de toucher à nos tambours ! »

Au château, pendant ce temps, la reine se réjouissait de savoir sa rivale en beauté éliminée. Alanguie dans son boudoir, elle feuilletait *Glamour* et *Elle*, tout en se goinfrant de chocolat (trois plaques entières — et sans le moindre scrupule !). D'un pas nonchalant, elle se dirigea ensuite vers son miroir magique. Sûre de la réponse, elle posa la même et triste question :

> *Miroir, miroir sur le mur,*
> *Qui est la plus belle des créatures ?*

Le miroir répondit :

Par rapport à votre taille et à votre silhouette,
Votre poids est tout à fait correct,

Mais quant à produire de l'effet, du genre « ouh là là » !
Vous ne pouvez battre Blanche-Neige sur ce plan-là !

La reine, entendant cela, en eut le cerveau qui disjoncta. Minée depuis des années par son manque d'assurance, elle perdit cette fois tout self-control, et se laissa emporter hors du courant de toute morale. Elle se mit, avec autant de ruse que de méchanceté, à élaborer un plan machiavélique pour réduire à néant les chances de survie de sa fille d'emprunt !

Toujours réfugiée chez les géants, Blanche-Neige, elle, transcendait sa frustration de ne pouvoir toucher ou ranger quoi que ce fût en méditant, assise sur le plancher au milieu de la maisonnette. On frappa soudain à la porte. Elle ouvrit et se trouva face à une femme gâtée en nombre d'années, panier à la main. Vu l'état de ses vêtements, cette femme-là ne devait guère être entravée par les contraintes d'un emploi régulier.

« Aidez une femme au revenu aléatoire, mon petit chou, dit-elle, et achetez-moi une pomme. »

Voilà qui posa un cas de conscience à Blanche-Neige, car elle avait pour principe, en signe de protestation contre les conglomérats agro-alimentaires, de n'acheter aucun aliment aux personnes revendeuses. Prise cependant de pitié pour la femme économiquement marginalisée, elle accepta. Pauvre

Blanche-Neige ! Elle ignorait qu'elle avait affaire en réalité à la reine déguisée — si ! — et pire : elle ignorait aussi que la pomme, dont les composantes chimiques et génétiques avaient été trafiquées, plongerait dans un sommeil éternel quiconque mordrait dedans !

Lorsque Blanche-Neige lui tendit l'argent pour payer la pomme, la reine, voyant aboutir sa machination, allait-elle exulter ? Eh bien non ! Devant le teint éclatant et le corps mince et ferme de Blanche-Neige, elle fut tour à tour submergée par des vagues d'envie et de dégoût pour elle-même, et fondit en larmes.

« Oh ! Mais qu'avez-vous ? demanda Blanche-Neige.

— Vous êtes si jeune, si belle ! gémit la reine déguisée. Et moi qui suis horrible à regarder ! de plus en plus horrible !

— Ne dites pas une chose pareille ! Après tout, la beauté vient du cœur, non ?

— Je ne cesse de me le répéter, répliqua la reine, et je ne parviens toujours pas à le croire ! Mais dites-moi, comment vous arrangez-vous pour rester en aussi bonne condition ?

— Rien de plus simple ! répondit Blanche-Neige. Je médite, je fais des exercices d'aérobic trois heures par jour, et je ne mange qu'une demi-portion de tout ce qu'on me sert. Voulez-vous que je vous montre ?

— Oh oui ! Oh oui ! S'il vous plaît !» dit la reine. Aussitôt à l'œuvre, elles commencèrent par trente minutes de méditation hatha-yoga, puis enchaînèrent avec une heure de danse acrobatique. Alors qu'elles soufflaient un peu, Blanche-Neige partagea la pomme en deux et en donna une moitié à la reine. Par réflexe, la reine mordit dedans ; et toutes deux sombrèrent dans un profond sommeil...

En fin d'après-midi, les Sept Très Hauts Géants revinrent d'une retraite dans les bois, parés avec ostentation de peaux de bêtes, de plumes et de boue. Un prince, originaire d'un royaume voisin, les accompagnait — il avait participé à cette retraite réservée aux mâles pour tenter de se guérir de son impuissance (ou, comme il préférait l'appeler, de « la suspension involontaire de son activité phallocentriste »). Ils plaisantaient entre eux, quand ils aperçurent les corps inertes de Blanche-Neige et de la reine.

« Qu'a-t-il bien pu se passer ? s'interrogea le prince.

— A mon avis, dit un géant, notre hôte et cette autre femme se sont battues comme des chiffonnières et elles en sont mortes.

— Si elles ont cru, en s'entre-tuant, aliéner nos sentiments les plus vils, elles ont eu tort ! fulmina un autre.

— Puisque nous les avons sur les bras, suggéra un troisième, pourquoi on ne les enterrerait pas suivant l'un de ces rites vikings dont nous avons entendu parler ?

— Hé ! Les gars ! intervint le prince. Je ne voudrais pas vous paraître malsain, mais... comment dire... ne trouvez-vous pas la plus jeune assez excitante ? Moi, si ! Je la trouve même très excitante ! Alors peut-être pourriez-vous... euh... attendre dehors, pendant que je...

— Pas si vite ! s'écria le chef des géants. Regardez !... Ces morceaux de pomme à moitié mangés, cet accoutrement immonde... Tout porte les marques d'un maléfice ! En réalité, elles ne sont pas mortes !

— Ouf ! soupira le prince, j'aime autant ça !... Bon, à présent, les gars, si vous preniez une petite pause et me laissiez...

— Dites-moi, Prince, lui demanda le chef. Si je comprends bien, Blanche-Neige vous fait donc l'effet d'être à nouveau un homme ?

— Et comment !... Allez, s'il vous plaît, les gars... »

Le chef le retint par la manche : « Ne la touchez

pas, vous rompriez le charme ! » ; puis son visage s'illumina : « Ecoutez-moi, frères ! Je viens de penser à un moyen infaillible de rentabiliser la situation : si nous gardons Blanche-Neige dans cet état, nous pourrions organiser une campagne publicitaire en présentant nos retraites comme des thérapies contre l'impuissance ! »

Les géants acquiescèrent d'un hochement de tête. « Et moi, alors ? protesta le prince. Après tout, puisque je vous ai déjà réglé le montant de ma retraite, pourquoi n'aurais-je pas le droit de... consommer la guérison ?

— Désolé, Prince, lui répondit le chef. Vous regardez, mais vous ne touchez pas ! Cela dit, vous pouvez avoir l'autre, si elle vous tente !

— Sans vouloir me montrer socialement ségrégationniste, non merci, je ne crois pas qu'elle soit d'un calibre assez élevé pour moi !

— Que de grands mots dans la bouche d'un homme qui n'est pas lui-même à la hauteur ! » lança l'un des géants ; et tous, sauf le prince, de s'esclaffer.

« Enlevons ces deux-là du plancher, décida le chef, et voyons de quelle façon nous devrions les disposer pour en tirer un maximum d'effets ! » Il fallut trois Géants pour soulever chaque femelle. Lorsqu'ils y parvinrent, les morceaux de pomme empoisonnée tombèrent des bouches de la reine et de Blanche-Neige ; et le charme étant rompu, elles s'éveillèrent.

« A quoi vous amusez-vous ? Posez-nous par terre immédiatement ! » crièrent-elles. Surpris, les géants faillirent laisser tomber les deux femmes sur le sol.

« Jamais de ma vie je n'ai entendu une chose aussi révoltante ! déclara la reine. Oser nous exposer tels des objets de collection !

— Et vous, dit Blanche-Neige au prince, essayer de faire "ça" avec une fille dans le coma ! Beurk !

— Hé ! Je n'y suis pour rien ! se défendit le prince. Je suis sous traitement médical !

— Inutile de chercher à nous culpabiliser ! intervint le chef des géants. D'abord, c'est vous qui vous êtes introduites dans notre propriété ! Je pourrais appeler la police !

— N'essayez pas, Napoléon ! dit la reine. Cette forêt, au cas où vous l'ignoreriez, est propriété de la Couronne, et c'est vous qui êtes en infraction ! »

Cette riposte provoqua pas mal d'agitation, mais l'émoi fut à son comble lorsque la reine dévoila ses intentions : « Et autre chose ! Pendant que nous étions immobiles et que tous, vous vous rouliez dans le sexisme le plus dégradant, j'ai eu une révélation. J'ai décidé en effet de consacrer ma vie à réconcilier les âmes des femmes avec leurs corps !

Plus tôt elles accepteront leurs corps tels que la Nature les a façonnés, plus tôt elles redeviendront des femmes à part entière ! En conséquence, Blanche-Neige et moi, nous allons construire, ici même, une station thermale réservée aux femmes, et aussi un centre de conférences — nous y organiserons des retraites, y tiendrons des réunions — et créerons des ovariums pour nos sœurs du monde entier ! »

Après maintes vociférations et force échanges de noms d'oiseaux, la reine eut gain de cause. Sans attendre d'être expulsés, les Sept Très Hauts Géants démontèrent leur Pavillon de la sueur et déménagèrent pour se réfugier encore plus loin dans la forêt. Le prince, quant à lui, demeura à la station thermale où il remplit la fonction de moniteur de tennis — aussi mignon qu'inoffensif.

Bonnes amies, Blanche-Neige et la reine acquérirent une renommée mondiale pour leur contribution à la sororité. Et bien qu'on n'entendît plus jamais parler des géants, on trouva souvent, tôt le matin, de petites empreintes de pas sous les fenêtres du vestiaire de la station thermale...

Petit-Poulet

etit-Poulet vivait au bord d'un chemin vicinal sinueux, entouré de grands chênes. « Petit-Poulet », précisons-le, était son vrai nom de famille et non point un surnom péjoratif lié à un préjugé inadmissible à l'encontre de sa taille. Et si Petit-Poulet était aussi plus-court-sur-pattes-que-la-moyenne, n'y voyez que pure coïncidence.

Un jour, Petit-Poulet jouait sur la route lorsqu'une rafale de vent s'engouffra à travers les arbres. Un gland s'en détacha et poc ! tomba sur la tête de Petit-Poulet.

Petit-Poulet avait beau avoir un cerveau que la Nature n'avait pas jugé bon de surdévelopper, il n'en tirait pas moins le maximum. Quand donc il se mit à crier : « Le ciel est en train de tomber ! Le ciel est en train de tomber ! » sa déduction n'était ni erronée, ni stupide ou insensée, mais seulement d'une logique atrophiée.

Petit-Poulet descendit en courant chez son voisin, Rico le coq, qui jardinait — sans avoir d'ailleurs à se fouler beaucoup, car il n'utilisait aucun insecticide, herbicide ou engrais chimique, et permettait aux variétés non comestibles de fleurs sauvages (malheureuses qu'on traitait parfois de « mauvaises herbes ») de se mélanger à ses plantes alimentaires.

Perdu au milieu du feuillage, Rico le coq entendit la voix de Petit-Poulet bien avant de l'apercevoir.

« Le ciel est en train de tomber ! Le ciel est en train de tomber ! »

Rico le coq pointa la tête hors de son jardin : « Petit-Poulet ! Pourquoi fais-tu tout ce raffut ?

— Je jouais sur la route, raconta Petit-Poulet, lorsqu'un morceau du ciel m'est tombé sur la tête ! Tu veux voir ? Tiens, regarde ma bosse.

— Il ne te reste qu'une chose à faire, dit Rico le coq.

— Quoi donc ? demanda Petit-Poulet.

— A poursuivre ces salauds en justice ! »

Petit-Poulet eut l'air perplexe. « Les poursuivre pour quelle raison ?

— Pour coups et blessures, discrimination espéciste, provocation délibérée de choc émotionnel, traumatisme infligé par négligence, intrusion dans la vie privée par moyen détourné, acte délictuel de violence — tu as l'embarras du choix. Nous avons largement de quoi les attaquer.

— Bonté divine ! s'exclama Petit-Poulet. Qu'obtiendrons-nous pour tout ça ?

— Souffrances et gros bobos, ça se paie très cher ! Ça mérite une punition en monnaie sonnante et trébuchante ! Nous pouvons exiger une prime d'invalidité, plus une compensation pour cause d'enlaidissement, plus le paiement de soins à long terme, plus des dommages et intérêts pour crises d'angoisse, manque à gagner et perte de confiance en soi...

— Formidable ! dit Petit-Poulet joyeusement. Mais qui allons-nous poursuivre ?

— L'ennui, répondit Rico le coq, c'est que le ciel, j'en ai bien peur, n'est pas reconnu par l'État comme une entité attaquable en justice.

— A mon avis, dit Petit-Poulet dont le cerveau exigu faisait des heures supplémentaires, nous devrions trouver un avocat et lui demander qui donc il faut poursuivre en justice.

— Excellente idée. Et tant que nous y sommes, je lui demanderai aussi qui je pourrais attaquer pour les pattes ridiculement décharnées dont je suis affublé. Elles n'ont pas cessé, au cours de ma vie, de me déprimer et de me complexer, et il serait normal qu'on me dédommageât. »

Ils coururent chez leur voisine, Wallis l'oie qui habitait un peu plus bas. Celle-ci était occupée à montrer à son compagnon canin comment on mangeait de l'herbe, car elle culpabilisait comme une folle chaque fois qu'elle ouvrait une boîte de Canigou pour le nourrir avec des carcasses animales réduites en chair à pâté.

« Le ciel est en train de tomber ! Le ciel est en train de tomber !

— Poursuivons les salauds en justice ! Poursuivons les salauds en justice ! »

Wallis l'oie se pencha par-dessus sa palissade et dit : « Pour l'amour de la terre ! Pourquoi faites-vous tous deux tant de raffut ?

— Je jouais sur la route, expliqua Petit-Poulet, et un morceau de ciel m'est tombé sur la tête.

— Alors nous allons chercher un avocat pour qu'il nous dise qui nous pouvons traîner en justice, lui pour ses blessures et moi, pour mes pattes décharnées.

— Ah je vois ! Puis-je vous accompagner et

poursuivre quelqu'un moi aussi pour mon long cou caoutchouteux ? Savez-vous que rien ne lui va vraiment ? Je suis convaincue qu'il y a un complot ourdi contre les oiseaux au long cou dans les maisons de couture ! »

Les trois coururent tout au bas de la route à la recherche d'un conseiller juridique.

« Le ciel est en train de tomber ! Le ciel est en train de tomber !

— Poursuivons les salauds en justice ! Poursuivons les salauds en justice !

— Ecrasons le complot ! Ecrasons le complot ! »

Un peu plus loin, ils rencontrèrent Rocky le renard, qui se pavanait dans un costume bleu électrique et portait un attaché-case. Il leva une patte pour les arrêter.

« Tiens tiens ! Et que faites-vous donc tous les trois par cette belle journée ? demanda Rocky le renard.

— Nous cherchons quelqu'un à poursuivre en justice ! crièrent-ils à l'unisson.

— Quels sont vos griefs ? Coups et blessures ? Discrimination espéciste ? Provocation délibérée de choc émotionnel ? Traumatisme infligé par négligence ? Intrusion dans la vie privée par moyen détourné ? Acte délictuel de violence ?

— Oui ! Oui ! répondirent les trois dans tous leurs états, tout ça à la fois et plus encore !

— Vous avez une de ces chances ! dit Rocky le renard. Figurez-vous que j'ai été débordé jusqu'à aujourd'hui tant j'ai eu d'affaires sur les pattes, mais à présent que je suis moins sous pression, je vais pouvoir vous représenter dans tous les procès possibles et imaginables que vous trouverez à intenter. »

Le trio poussa des hourras en battant des ailes. « Mais qui allons-nous poursuivre en justice ? demanda Petit-Poulet.

— Qui nous allons poursuivre ? reprit Rocky le renard sans perdre une seconde. M'enfin ! Trois pauvres victimes telles que vous ont de quoi remplir de coupables au moins trente tribunaux ! Rendons-nous vite dans mon bureau afin que nous puissions en discuter. »

Rocky le renard les entraîna vers une petite porte noire en métal située contre le flanc d'un mamelon, non loin de là. « Par ici », dit-il, alors qu'il levait le loquet. Mais la porte ne s'ouvrit pas. Rocky le renard tira dessus avec une patte, puis avec deux. Rien à faire ! Il s'acharna, tempêta en maudissant la porte, ses propres facultés mentales et même sa virilité !

La porte, finalement, s'ouvrit en grand, et une énorme boule de feu en jaillit. Horreur ! Cette porte était en réalité la porte du four de Rocky le renard ! Malheureusement pour lui, la boule de feu lui engloutit la tête, lui carbonisa poils et moustaches, et le réduisit à l'état de zombi. Petit-Poulet, Rico le coq et Wallis l'oie s'enfuirent, trop heureux de l'avoir échappé belle.

La famille de Rocky le renard, toutefois, ne compta pas en rester là. Non contente de traîner en justice le fabricant de la porte du four au nom de Rocky le renard, elle engagea des poursuites contre nos trois volailles — il s'agissait là d'un coup monté, d'une mise en péril criminelle, bref, d'une monstrueuse escroquerie. En conséquence, elle réclama des indemnités pour les souffrances infligées, ainsi que des primes d'invalidité et d'enlaidissement, sans oublier le paiement de soins à long terme, et, bien entendu, des dommages et intérêts pour détresse morale, manque à gagner, perte de confiance en soi et, par-dessus le marché... perte d'un succulent dîner ! Plus tard, les trois volatiles engagèrent des contre-poursuites, et tous, à partir de ce jour-là, ne cessèrent plus de se livrer bataille de tribunal en tribunal.

Le Roi-Grenouille

l était une fois une jeune princesse, lasse de se heurter à la structure du pouvoir mâle dans son château. Et la pauvrette, en quête d'un peu de calme, aimait à se promener à travers bois et à s'asseoir au bord d'un petit étang. Là, elle s'adonnait à son jeu favori en jetant en l'air une boule d'or qu'elle rattrapait ensuite dans ses mains, mais ça ne l'empêchait pas de réfléchir au rôle du militantisme éco-féministe à son époque.

Un jour, perdue dans ses rêves utopiques où elle imaginait son royaume transformé par les femmes enfin installées à tous les postes clés, elle laissa tomber la boule, qui roula au fond de l'étang — les eaux en étaient si profondes et si troubles qu'elle ne put voir où elle reposait. Elle ? Pleurer pour ça ? Il ne faudrait pas exagérer ; elle se contenta de noter mentalement qu'elle devrait faire plus attention la prochaine fois.

Elle entendit soudain une voix lui dire : « Hé, princesse ! Je peux vous rapporter votre boule si vous voulez. »

Elle regarda autour d'elle et aperçut une grenouille qui pointait la tête à la surface de l'étang. « Ah ça ! Il n'en est pas question ! s'exclama-t-elle. Jamais il ne me viendrait à l'idée d'asservir un membre d'une autre espèce à seule fin de satisfaire mes désirs égoïstes.

— Bon, répliqua la grenouille, et pourquoi on ne conclurait pas un marché sur la base d'une dépendance mutuelle ? Je vous rapporte votre boule, et en échange, vous me rendez un petit service. Mmmh ? Qu'en dites-vous ? »

Cet arrangement sembla des plus équitables à la princesse, et elle l'accepta d'emblée. La grenouille plongea et réapparut très vite avec la boule d'or dans la bouche. Elle la recracha sur le bord et dit : « Maintenant que je vous ai fait plaisir, j'aimerais beaucoup sonder votre opinion sur l'attirance physique entre les espèces. »

« Mais qu'est-ce qu'elle me raconte ? » songea la

princesse. « En réalité, poursuivit la grenouille, je ne suis pas du tout une grenouille, mais bel et bien un homme ! Un affreux sorcier m'a jeté un sort, voyez-vous. Cela dit, bien que mon apparence de batracien ne soit ni meilleure ni pire — seulement différente, vous en conviendrez — que ma forme humaine, vous n'avez pas idée combien j'aimerais me retrouver à nouveau parmi les gens. Et la seule chose susceptible de me désenvoûter est le baiser d'une princesse. »

Pas folle, la princesse se demanda un instant si une espèce pouvait s'aventurer à en harceler une autre sexuellement, mais d'un naturel compatissant, elle prit la grenouille en pitié — quelle situation fâcheuse ! Elle se pencha et l'embrassa. La grenouille grandit aussitôt et changea d'aspect. Et que vit la princesse à la place, pataugeant dans l'eau ? Un homme en chemise de golf, affublé de pantalons en tissu écossais très m'as-tu-vu — entre deux âges, il était d'une verticalité contrariée et menacé par la calvitie.

La princesse en fut si déconcertée qu'elle en bégaya : « Pardonnez-moi si... si je vous parais un tant soit peu socialement cloisonniste sur les bords, mais... euh, comment dire... les sorciers n'ont-ils pas l'habitude de... de ne jeter des sorts qu'aux princes ?

— En principe, oui, répondit-il. N'empêche que cette fois, c'est un innocent homme d'affaires comme moi qui a été visé ! Je suis promoteur immobilier, voyez-vous, et le sorcier s'est mis en tête que je l'avais escroqué lors du règlement d'une affaire litigieuse. Alors il m'a invité à une partie de golf, et juste au moment où je m'apprêtais à partir du tee — "Abracadabra !" — j'étais devenu une grenouille ! Notez que je n'ai pas perdu mon temps sous mon nouvel aspect. Il n'y a pas un seul pouce de ces bois que je n'aie pas prospecté, et à mon avis, il serait criminel de ne pas en tirer parti. Imaginez un peu : ici, des bureaux ! Là, un complexe de vacances en copropriété ! L'endroit est idéal, non ? Et tout peut s'y harmoniser à la perfection ! Les banques, inutile de vous le dire, ne se seraient jamais amusées à prêter de l'argent à une grenouille, mais à présent que j'ai à nouveau visage humain, c'est sûr, elles vont me manger dans la main ! Oh, j'en jouis à l'avance ! Et je vous le garantis, ça va être grandiose ! Il suffit d'assécher l'étang, de couper environ 80 % des arbres, d'obtenir des droits de servitude pour... »

La princesse coupa net le sifflet du promoteur-grenouille en lui fourrant sa boule d'or dans la bouche, puis elle le repoussa dans l'étang et lui maintint la tête sous l'eau jusqu'à ce qu'il cessât de se débattre. « C'est fou, s'émerveilla-t-elle, en repartant pour son château, le nombre de bonnes actions qu'une personne peut accomplir au cours d'une seule matinée ! » Et si jamais il arriva à quelqu'un de remarquer la disparition de la grenouille, personne, en tout cas, ne se demanda où avait bien pu passer le promoteur immobilier.

Jacques et le haricot magique

l était une fois un garçon qui répondait au nom de Jacques. Il vivait avec sa mère dans une petite ferme, et l'un et l'autre étaient résolument exclus des sphères normales de toute activité économique. Cette cruelle réalité les maintenait en permanence dans des camisoles de sinistrose, jusqu'au jour où la mère ordonna à son fils d'emmener en ville la vache de la famille et de l'y vendre aussi cher qu'il le pourrait.

Ingrats ! Croyez-vous qu'ils auraient pensé aux milliers de litres de lait qu'ils lui avaient volés ? Ou même aux heures d'enchantement hédoniste que leur compagnon bovin leur avait procurées ? Pas une seconde ! Et ne parlons pas du fumier qu'ils s'étaient approprié sans vergogne pour leur jardin : bagatelles ! Bref, la vache ne représentait pas plus à leurs yeux qu'un vulgaire objet en leur possession. Et Jacques, qui ne se rendait pas compte que les animaux non humains avaient autant de droits que les animaux humains — sinon plus — obéit donc à sa mère.

En chemin, Jacques rencontra un vieux magicien végétarien, qui l'avertit des dangers de manger du bœuf et des produits laitiers.

« Mais je n'ai pas l'intention de manger cette vache, lui dit Jacques. Je l'emmène en ville pour la vendre.

— Taratata ! En la vendant, tu ne feras qu'entretenir la psychose culturelle qu'est le mythe du bœuf ! Ignores-tu donc l'impact désastreux de l'élevage industriel du bétail sur notre écologie ? Ne sais-tu pas que la surconsommation de viande engendre problèmes de santé et troubles sociaux ? Hum ! Tu me parais être un garçon bien trop naïf pour saisir ces pernicieuses interactions. Tiens, je vais te proposer une chose : je t'échange ta vache contre ces trois haricots magiques qui, à eux seuls, contiennent autant de protéines que cet animal tout entier, et ont l'avantage, par-dessus le marché, d'être libres de toute graisse et de tout sodium ! »

Jacques ne se fit pas prier, et rapporta les haricots à sa mère. Quand il lui parla du marché qu'il avait conclu, elle fut au bord de l'hystérie. La malheureuse ! Elle qui avait toujours pensé que son fils était, en toute simplicité, un penseur plus conceptuel que linéaire, elle fut désormais persuadée qu'il avait des capacités radicalement divergentes, pour ne pas dire tordues. Elle saisit les trois haricots magiques et, de dégoût, les jeta par la fenêtre. Et le même jour, c'était fatal, elle dut assister à sa première réunion du groupe d'entraide formé par les Mères-des-Enfants-à-histoire.

Le lendemain matin, Jacques mit le nez à la fenêtre pour savoir si le soleil s'était encore levé à l'est (il commençait à trouver ce processus un peu répétitif). Mais que vit-il ? Une immense tige qui atteignait les nuages — les haricots avaient poussé pendant la nuit ! N'ayant plus, comme chaque matin, de vache à traire, ni une ni deux, il grimpa jusqu'au ciel le long du haricot magique.

Tout en haut, au-dessus des nuages, il découvrit un gigantesque château. Bâti suivant des dimensions très supérieures à la moyenne, ce château appartenait-il à un géant ? Jacques pénétra à l'intérieur et entendit une merveilleuse musique flotter à travers les airs. Il se laissa guider par elle : une harpe en or en était la source, mais sans que personne eût

95

à en jouer. Une poule, à proximité de cette harpe autonome, était assise sur un tas d'œufs, en or eux aussi.

Voilà qui fit tilt dans l'esprit de Jacques, et la perspective de profiter d'un argent facile et de pouvoir s'adonner à toutes sortes de divertissements stupides excita aussitôt sa sensibilité petite-bourgeoise. Il s'empara sur-le-champ de la harpe et de la poule, et se mit à courir vers la porte principale. Il entendit alors des bruits de pas phénoménaux et une voix tonitruante :

FA FEU FI FO FU,
Je flaire le sang d'une personne anglaise !
Découvrir sa culture et ses idées sur la vie me rendrait
*   bien aise !*
Et échanger nos points de vue avec franchise et générosité
*   me remplirait encore plus d'aise !*

Hélas, la cupidité encombrait tellement la tête de Jacques qu'il était incapable d'accepter l'offre d'échange culturel du géant. « Il cherche à me piéger, songea-t-il. D'ailleurs, un géant a-t-il besoin de choses aussi belles et délicates ? Tu parles, il a dû les voler quelque part, j'ai donc le droit de les récupérer. » D'aussi sauvages justifications — remarquables pour un individu aux ressources mentales épuisées — ne faisaient que traduire un effroyable mépris à l'égard des droits personnels du géant. Inutile de se voiler la face, Jacques se révélait être un mesuriste dans toute son horreur, qui estimait que tous les géants étaient des balourds au savoir limité, corvéables à merci.

Le géant, voyant que Jacques avait la harpe sous un bras et la poule sous l'autre, lui demanda : « Pourquoi prenez-vous ce qui m'appartient ? »

Jacques comprit qu'il ne pourrait jamais battre le géant à la course, alors il dut penser vite, très vite. « Moi ? Les prendre ? Qu'allez-vous imaginer là, mon brave ! Je cherche seulement à vous rendre service en les plaçant sous ma tutelle afin de les entraîner et de les pousser à développer au maximum leurs talents respectifs. Pardonnez-moi de me montrer aussi abrupt, mais vous, les géants, vous ne voyez pas plus loin que le bout de votre nez et êtes incapables de gérer convenablement votre patrimoine. Je ne fais que protéger vos propres intérêts, pas plus ! Vous me remercierez, plus tard, croyez-le ! »

Suspense ! Un bluff aussi éhonté allait-il lui sauver la peau ? Le géant poussa un gros soupir. « Ben oui, vous avez raison, dit-il. Nous autres, géants, nous nous conduisons comme de grands bêtassous. Tenez, il suffit que nous découvrions un nouveau haricot magique et ça y est, nous sommes dans un tel état d'excitation que c'est plus fort que nous, nous nous mettons tous après lui au point que nous finissons par déraciner la pauvre chose de la terre ! »

Jacques frisa l'attaque d'apoplexie. Il se retourna et jeta un coup d'œil au-dehors : aucun doute, le géant avait détruit son haricot magique. Jacques fut pris de panique : « Me voici à présent coincé ici avec vous dans les nuages à jamais ! s'écria-t-il.

— Calmez-vous, mon petit ami, dit le géant. Nous sommes strictement végétariens et je vous garantis que ce ne sont pas les haricots qui manquent ! Et puis, vous ne serez pas seul. Treize autres hommes de votre taille ont déjà grimpé jusqu'ici pour nous rendre visite — et ils sont restés ! »

Que pouvait faire Jacques sinon accepter son sort et devenir un membre de la Communauté Céleste des Géants ? A peine s'il regretta sa mère et la vie à la ferme, et tout ça parce qu'il n'avait pas à travailler beaucoup et avait plus qu'assez à manger. Il apprit quand même peu à peu à ne plus juger les gens en fonction de leur taille — enfin, si on veut — car il eut toujours tendance à regarder de haut ceux qui étaient plus petits que lui.

Le joueur de flûte
de Hamelin

a pittoresque petite ville de Hamelin possédait tout ce dont une communauté pouvait rêver : des industries non polluantes, des transports en commun efficaces, et une variété ethno-religieuse bien équilibrée. Il est vrai que le conseil municipal, peu avare de lois et de menaces, avait écarté tout élément perturbateur susceptible d'empêcher les citoyens de mener une vie tranquille et raisonnable. Hélas, trois fois hélas, il y avait le campement !

Situé aux abords de Hamelin, ce campement était l'épine dans le pied de la municipalité — une épine horriblement choquante pour la vue — four-

gonnettes aux tôles rouillées et roulottes déglin-
guées y foisonnaient parmi d'innombrables tas
d'immondices ! Qui demeurait là ? Des gens plus
irrécupérables et plus incorrigibles les uns que les
autres : meurtriers d'animaux non domestiques,
anciens clients du système correctionnel, et motards
de l'Enfer ! Rien que d'apercevoir leurs moulins à
vent en plastique en forme de marguerite, un fris-
son d'épouvante parcourait l'échine de toute personne un tant soit peu respectable. Et s'il n'y avait
eu que ça ! Il fallait supporter aussi la musique
qu'ils faisaient brailler nuit et jour, sans compter les
rixes d'ivrognes auxquelles ils se livraient au cours
de week-ends cauchemardesques !

Un jour, à la suite d'un gymkhana particulièrement pétaradant à travers le campement, le conseil
municipal se réunit. Après un débat houleux, ils
décidèrent de se débarrasser, d'une façon ou d'une
autre, de la zone. Mais comment y arriver sans
ignorer, ni bafouer les droits des gens qui vivaient
là ? Après moult discussions, ils arrivèrent à la con-
clusion suivante : il fallait charger quelqu'un de
cette expulsion, car la municipalité avait d'autres
soucis, comme la chute libre des valeurs immobiliè-
res. Les conseillers firent donc paraître une annonce
pour recruter une personne capable de résoudre leur
problème.

L'annonce à peine parue, un homme arriva en ville. Il était très gâté verticalement et d'un poids inférieur à la moyenne pour sa taille. Son accoutrement, sans le qualifier d'excentrique, était le résultat d'un mélange de vêtements encore jamais vus, ni même imaginés ; et ses manières et sa voix haut perchée présentaient des caractères tout à fait exceptionnels. Bien qu'il semblât débarquer d'un monde autre (mais sûrement pas moindre) que le nôtre, les conseillers de la ville, au bout du rouleau, lui accordèrent leur confiance.

« Je peux débarrasser votre ville des habitants de la zone, leur dit l'homme à la singularité amplifiée, mais vous devez promettre de me donner cent pièces d'or ! »

Les conseillers, auxquels il tardait d'en finir avec cette sale affaire, acceptèrent de bon cœur. Après tout, plus tôt le campement serait éliminé, plus tôt, n'est-ce pas, ils pourraient récupérer leurs égos d'êtres progressistes et sans préjugés.

L'homme à l'étrangeté intensifiée se mit aussitôt au travail. Il saisit dans son sac à dos en piteux état un petit appareil d'enregistrement ultrasophistiqué. Les gens, autour de lui, le regardèrent avec intérêt y introduire des cassettes et tourner certains boutons puis vérifier le volume sonore. Il commença dès lors à marmonner dans le micro incorporé. Que disait-il ? Impossible de saisir un seul mot, mais l'homme, apparemment, était d'une cohérence défaillante ! Soudain il arrêta, se leva, et demanda aux conseillers de lui trouver une camionnette munie d'un système de sonorisation.

Empressés de satisfaire cette drôle de requête, les autorités en empruntèrent une au Service de la Biodiversité publique, et remirent les clés de contact entre les mains de l'homme singulier. Une fois installé au volant, il glissa la cassette qu'il avait enregistrée dans le système de sonorisation, et démarra. Tout le monde suivit la camionnette qui se dirigeait vers le campement.

De la musique monta bientôt du véhicule qui roulait au pas — plutôt de la « pop music », mais aussi de rares classiques tels que *la Ballade des Bérets verts* ou *les Chevaliers fantômes dans le ciel*. Les conseillers de la ville étaient déconcertés, mais ils virent soudain les habitants du campement surgir de leurs roulottes, de leurs cabanes à outils, et des antres où ils avaient l'habitude de se saouler. Les gens, le regard vitreux, parlaient tout seuls en marchant comme des automates.

« Je m'en vais chercher du travail, dit l'un. Il paraît qu'on embauche des gens à la fête foraine. »

« J'ai envie de me joindre aux professionnels qui courent sur les circuits de stock-cars », dit un autre.

« Pensez-vous que je puisse gagner ma vie en m'inscrivant comme cobaye pour les expériences médicales ? » demanda un troisième.

Tous suivirent la camionnette tandis qu'elle s'éloignait lentement de la ville — et disparurent bientôt à l'horizon ! Aux anges, les conseillers de la ville poussèrent des hourras !

Environ une heure plus tard, la camionnette réapparut, mais sans la troupe qui l'accompagnait. « Je les ai emmenés jusqu'à la route nationale, raconta l'homme en descendant du véhicule. Ils sont tous en train de faire du stop, prêts à se rendre n'importe où — sauf à Hamelin ! Voilà donc le campement dégagé — à vous de l'utiliser comme bon vous semblera !

— Merveilleux ! s'écria l'une des grosses huiles, qui remplissait le rôle de porte-parole. Maintenant qu'ils ont vidé les lieux, nous allons pouvoir y bâtir un Centre de réorientation pour les réfugiés du tiers monde ! Oh merci ! Merci !

— A présent, dit l'homme, voulez-vous être assez aimable pour me payer les cent pièces d'or que vous m'avez promises, car je dois repartir.

— Eh bien... euh... C'est que Hamelin, voyez-vous, s'efforce de mettre sur pied une économie fondée sur le capital humain et non sur la simple exploitation des ressources matérielles. Et donc...

euh... à cette fin, nous aimerions vous offrir ce carnet de coupons qui vous donnera par exemple le droit de vous faire masser gratuitement et de participer à des séminaires où vous pourrez libérer l'enfant qui dort en vous ! »

L'homme à la singularité amplifiée fronça les sourcils : « Vous m'aviez promis cent pièces d'or, dit-il, visiblement travaillé par la colère. Payez-moi ! Sinon, supportez-en les conséquences !

— Bon ! Bon ! Si vous préférez renoncer à essayer de rendre ce monde plus équitable, pérora le porte-parole, ainsi soit-il. Nous vous donnerons un billet officiel de reconnaissance de dette émis par la ville de Hamelin, et vous pourrez encaisser une part importante de sa valeur nominale dans les bureaux de change ou les débits de boissons des villes environnantes. »

D'abord sans réaction, l'homme étouffa un petit rire à vous glacer le sang, et remonta dans la camionnette. Personne n'avait eu le temps de l'arrêter qu'il traversait déjà les quartiers résidentiels de la ville. La camionnette semait sur son passage une musique aigrelette aux intonations inquiétantes — inconnue. Et tout à coup, voici que les enfants de Hamelin surgirent de leurs maisons ou de leurs cours de récréation. Le regard vitreux, ils envahissaient les rues. Les conseillers de la ville pouvaient les entendre discuter sérieusement entre eux.

« Seule l'économie de marché peut donner aux gens assez de stimulant pour édifier une société meilleure ! » déclarait l'un.

« Il faut respecter les droits des citoyens qui tiennent à préserver la pureté ethnique de leurs quartiers ! » disait un autre.

« La seule obligation de la société est de s'assurer que chacun ait un minimum de liberté d'action ! » affirmait un troisième.

Lorsque leurs enfants commencèrent à se grouper pour protester contre les impôts et à créer des clubs de tir, les conseillers de la ville, complètement démoralisés, furent bien obligés de se rendre à l'évidence : les années qu'ils avaient passées à élaborer, avec une minutie extrême, une série de réformes sociales compteraient bientôt pour du beurre !

Le lendemain, on trouva la camionnette abandonnée aux abords de la ville, mais il n'y avait pas la moindre trace du mystérieux homme qu'ils avaient essayé de rouler.

TABLE

ISBN 2-246-51 211-5
N° d'éditeur : 9800
Dépôt légal : septembre 1995
Impression et reliure :
Pollina s.a., 85400 Luçon - n°68099